JN439926

가늠 돌

여섯 번째 시집

가늠 돌

조성순 시집

세종출판사

시인의 말

걱정 말고 '긍정'하라
생각을 통제할 것인가
통제당할 것인가
이 글은 『생각이 바뀌는 순간』에서
긍정을 이끌어내는
스위치로서
저자 캐서린A 샌더슨이 한 말이다.
필자도
언제나 생각에 통제할 것인가
통제당할 것인가
언제나 이렇게 살 것인가?
나를 믿고 자신의 취미에 깊이 몰입 할 때
한계를 극복하고 새로운 성공 곡선을 그린다는
『하버드 상위1퍼센트』의 비밀을 믿고
깊이 몰입할 일이다.

2019년 말 서재에서

목차

📖 더듬어 가면서

Ⅱ부 문학의 근대사 흐름은

📖 지난날의 세계사는

Ⅲ부 문화의 빛 역사의 흔적을

📖 오늘을 그리면서

외로움이
상대의 부재를 절감하여
고통스러워하는 상태가 자유의 진미라면

지혜의 시작이
상대방의 부재를 고통스러워하기보다
혼자만의 자유를 즐기려는 상태이다

쇼펜하우어는
'너무 자유로운 것은 좋지 않다
또 모든 것을 다 가지는 것도 좋지 않다' 라고.

Ⅰ부

늦가을 단상

봄빛을 그리다

삼동에 가재가 짊어지고 있던
바위 밑에서
맑은 물 구르는 소리에

두 마리 가재는
바위는 이끼로 조경하고
집 주변 모래성을 쌓아
한창 물길 열기에

놀란 늙은 매화는 움켜 쥔
꽃망울 터트리고 내 몰라라

두툼한 봄볕 아지랑이에 취한 늙은이는
꾀꼬리 사랑의 속삭임
아련한 흔적에 혼절한 봄빛을 그리다.

가늠돌

앉으면 맞이하는 너
어디서 왔느냐
마음은 화강석으로 결백하여
무덤덤한 변화를
침묵의 즐거움에서
질펀한 평야가 완만한 산자락으로
옆의 끝없는 절벽의 위험은
진보와 발전의 불안이
언제나 평형수 같은 기능으로
오뚝이처럼 칠전팔기
평범한 작은 몸짓으로
지구 별 태양을 비웃고 태풍을 조롱하는
대 우주 작은 유성이라며
달과 별을 밀고 당기어 표정을 바꿔
대양은 유영장으로
억겁의 시간
지난날 상실의 아픔을 나는 안다.

산다는 것은

너처럼 되기엔
너무나 짧은 시간인가

두루뭉실
산다는 것은.

작은 우주에서

어느 별에서 왔나
육천오백만 년 전 소행성이 지구별과
충돌하면서 탄생
태평양 해저에 있었다고

종의 유전자는 화강암
산수석이라고

옆에는 울산바위
뒤에는 대 평원 세검정너럭바위
앞에는 위험한 내설악 흔들바위
누우면 고요가 흐르는 하얀 한라산이다

참 마음에 든다
그 옛날 말 안 듣는 가시나보다 좋다

너 움직임이 천둥번개의 상처를
우리는 재앙이라고
원죄는 묻지 않을게 함께 놀자.

텅 빈 화면

아무것도 모르는
형광 램프

사랑보다 부드러운
문장이 떠오르는

비스듬히 터오는 시간에
찍힌 방점

고요의 빈자리에는
경이로운 삶이 그려지는.

원고지

혼란한 화면
연필 Insert과 지우개 Delete로
다양한 언어로 탄생한 문자

위엄 있는 삶의 무게에
운명이 결정되는 틀에 갇혀

지식은 빛바랜 파지 조각
상식은 보통사람들이 동의하는 공유물을

창작이라는 빌미로 원고지에
매달린 약속에서

반짝이는 문자는
어디에 숨어서 무엇을 하고 있나!

잊어라 역사의 분노를

불어라
평화의 훈풍이여
국운의 12시간 남과 북

멈춰라 핵무기
열려라 분계선

파격 친밀 화합
방긋 긴장 진지

북과 남
도보다리의 만남
속 깊은 대화로 진지했던

지워라
되돌릴 수 없는 상실의 시간을
잊어라
헝클어진 역사의 분노를.

늦가을 단상

무서리 밭두렁
들국화가 밝게 빛날 때

청룡산 그림자
긴 강나룻길
붉은 소나무 그늘은 부드럽고

울 엄마 쪽진 비녀에 앉은
고추잠자리는
고구마넝쿨 꽃 매달고

늦가을은
풍요로움을 끌고
갈 볕에 구름 가듯이 흐른다.

뜨거운 지성과 두터운 믿음이

-「부산과학기술대학교」 창립 40주년에 참석하여

내 시선이 머무는 곳으로
한 걸음 한 걸음 내 딛는 하나의 길
뚜벅 뚜벅 치열하게
우리가 바라는 미래로 익어간다

백양산 기슭에 앉은
성지공업학교에서 사십 년의 역사
우암, 구포캠퍼스, 부산정보대학으로
미래 백년을 꿈꾸는 오늘

따뜻한 가슴 있어 아름다운 이야기 가득한
눈부신 청춘을 자랑하면서
목표를 향해 무한한 빛 발하는 공간으로

억제할 수없는 떨림으로 묻어나
차별화 내실화 소통으로 뒷바라지는
특성화 실현 가능성으로

위기관리 감싸 안은
탄탄한 전문성 수련의 가치가
세상변화를 이끄는 창조의 힘으로

뜨거운 지성과 집착이
방정한 기본위에 개척정신은
씨앗이 싹트는 순간부터 품격으로
내 일자리 자유로운 선택을 이루는 곳

뜨거운 함성은 백양산 흔들어
행복으로 일렁이고
낭만과 그리움 생동감으로 춤추는
열정으로 단단한 발자국 남기고

먼 날 향한 한국을 넘어 세계로
큰 가슴으로 첫 발길을
홍익인간 정신아래 실현한 세월
백년의 미래를 이끌 중심축으로

지도자 높은 뜻과 헌신적인 노력으로
탄생하는 미래가 보장되는
싱그러운 눈빛 인재들을 보라!

귀여운 반달곰 위협에는 흉포하고 격렬하여
몸통박치기로 세상을 제압하여
민족을 사랑하는 그 가치는 빛나듯이

느티나무는 푸른 바람을

지식의 그루터기 「부산과학기술대학교」여
생각을 열어라
목표를 찾아라
힘차게 뛰어라.

작은 흔적을

역사의 편린 기와조각
옛 절터에서
연꽃처럼 필 때

신사임당 모습인 양
민화 속의 주인공처럼
깔려 있는 미소는

연정으로 기억될 사람들
눈길을 멈추게 할
누런 고전문학처럼

백자에 풍기듯이 네 모습
침묵으로 간직한 긴 시간들
구전으로 이어라
그 작은 흔적을.

오월 그리고 그대

오월

오월은 푸름
성숙의 앙망이라

고독한 삶은
앎이 익어가는 절정이라고

그대

푸른 오월이
내게는 더 풍요했다

그대가 화려할수록
나는 더 날개를 편다.

버려야할 가을

사랑도
명예도
자산도
구걸하지 말 것

믿음도
배려도
존경도
기대하지 말 것

미움도
앙금도
배신도
모두 잊을 것

단풍처럼 버려야할 가을

고란초의 고독을

초승달 찾아와 서성거리는 날
고란초 하얀 미소로 손짓은

은빛 백마강 고요를 채우고
삼천궁녀 백의천사
회한을 달래려 들려오는 말 발굽소리

외로운 고란초는
의자왕 영혼인가
계백의 원한인가

그날의 기억 말없이 백마강은
황산벌 안고 돈다
고란초 향기만 그날을 말할 뿐.

빈자리 메우는 여자

코디에 바쁘다
병원 약방 안부 차 간다

어제는 입을 거리
오늘은 먹을거리 쇼핑에서

식탁은 한식에서
양식, 일식, 중화요리, 왔다 갔다
거실은 드라마 천국으로

의상에 미친美親 여자
요리에 미친 여자
건축사 요리사 두 여자

영화에 미쳐서 바람난 여자
배우에 반해서 미치는 여자
공연장 빈자리 메우는 여자.

러빙 빈센트 Loving Vincent

기획에서 완성까지 십 년만의 걸작
4천대 1의 경쟁을 통해 선발 된 1백7명
재능 있는 화가들 '밤의 카페테라스'
'아를의 별이 빛나는 밤에' 등
반 코흐 마스터피스1백3십여 점의 바탕으로
붓 칠이 약동하는 테크닉을 완벽히 재현한
6만2천4백5십 점 그림으로 생산 제작
예술에 예술을 덧칠한 보기 드문
미술이 공간예술로
비극적으로 짧은 생을 살았지만
값으로 매길 수 없을 만큼
감동적인
미술사에 지울 수 없는 흔적의 거장
미스터리 죽음에 대한 숨겨진 이야기를 쫓는
<그랜드 부다페스트 호텔>
<부르클린>을 통해 아카데미 여우주연상 후보
시얼사노넌을 비롯해
영국의 명배우 제로 풀린 더글라스부스가 출연하는
초상화속 피사체를 직접
제작진과 화가들은
연기를 위해 강력한 터치를 더해

수작업으로 경이로운 탄생
전에 본적 없는 대단한 시도로
제작과정 조차 하나의 예술이 된 영화
러빙 빈센트
형언할 수없는 감동으로 선사하여
가슴에 오래도록기억 될
영혼의 그림이 영상으로 옮겨진
최초 유화애니메이션의 빛과 공간
무리 없이 유려한 화면에 빈센트 반 코흐의 숨 쉬는.

선비 같은 예수, 나눔과 감사 전해요

서울미술관 개관 5주년기념
불후의 명작특별전
근대회화의 거장 일곱 명의 작품
김기창, 김환기, 도상봉, 박수근, 유영국, 이중섭, 천경자

운보 김기창이 그린 <예수의 생애>
만 원권 지폐속의 세종대왕어진을 그린화가
청력을 잃었지만 장애를 예술로 승화

독일 국립역사박물관은 종교개혁 5백주년기념으로
김기창이 그린 예수그림 3십 점을 초청전시
6·25 전쟁으로 피난생활을 하던 중
우리나라 사람 모습으로 그려보기를 마음먹고

예수의 고난을
우리민족이 겪고 있는 비극과 비슷하다고
한국인처럼 생긴 예수의 이미지라면서
동족간의 전쟁으로 고통 받고 있던 사람들에게
조금 더 친근하게 더 큰 희망을

예수가 빵과 물고기를

함께 나누어 먹는 모습을
빵 다섯 개와 물고기 두 마리에 불과했지만
아무리 나누어주어도
동이 나지 않고 결국 5천 명이나
배불리는 기적이 일어났다

『성경』 속 기적은 사실인지 여부를
하나의 마음이고 또 하나는 지식이라고
따스한 마음을 쪼개어
여럿이 나눈다 해도

원래 몫은 줄어드는 법은 결코 없다는 것으로

예수이야기를
한국의 풍속화처럼 토착화된 성화로
예수는 갓을 쓰고 흰 도포를 입은
선비 모습으로 우리 산과 마을을 배경으로
어린이들이 달려들어도
귀찮게 여기지 않고 기쁘게 맞이하는 표정으로

장 프랑수아 밀레가 그린 <만종> 수묵을 이용해
자신만의 방식대로 작업하는 농촌
한복을 입은 젊은 부부가 밭일을 마치고
감사 기도를 드리는 농부들의
소박한 마음을 경건하게 묘사한 것으로 유명한

국내미술경매 사상 두 번째로 높은 금액 삼십오억 원에
낙찰된 이중섭의 <황소>를 비롯해
김환기의 <산> 도상봉의 <정물> 박수근의 <우물가>
유영국의 <산> 천경자의 <내 슬픈 전설의 49페이지> 등
유명작품들이 한자리에서
<만종>이 울릴 날도
그림 속의 부부처럼 사랑은

가난한 사람을 예수의 마음으로
가난한 사람을 예수의 마음으로.

세계전사의 자고산 전투는

낙동강일대에서 격전을 기념하여
전쟁전시관에
무기류 피복 전시품에서 참상을

왜관 철교는
도하를 방지하기 위해 폭파
사만여 명의 적군이 작전을 벌리자

일본에 있던 맥아더 장군은
B-29 98대가 왜관 서북방 67K㎢에
26분 동안 90여Ton 폭탄을
융단폭격작전으로 투하한
3만여 명이 죽었다는 『세계전사』에 남은

석적읍 중지리 돌아보고
한 민족을
남의 힘으로 정리 마무리하였으니

약소국가의 원칙과 정의는
푸줏간 위에 얹어 둔
『아가서』보다 못한 것인가!

많은 회생이 따랐으나
피할 수 없는 결단에 고마울 뿐

오늘은 아이언 #7을 휘두르고
정확성에 즐기며 내일은 더 잘 될 거라고.

다마스커스의 나이프를

요리와 철은
열의 사용에 따라

맛과
소재가 결정
맛의 온도 멋의 경험치는

소재의 합금은
담금질이 평가

누구도 쉽게
못하는 어려운 작업

장인정신 다마스커스의 나이프를.

🕮 더듬어 가면서

한국문학 근대사 배경에서
앞서간 선비님들의
주옥같은 찬란한 필치의 글

더듬어 따라가면서
언행의 바탕을 시로서
나름대로 옮겨 볼까 한다

문학의 현실을
일부 주어진 환경에서
조신操身스럽게 창출한 글을.

Ⅱ부

문학의 근대사 흐름은

첫사랑 금정산 1

민족의 역사 흐름으로 이어진
험준하고 힘찬 거룩한 맥이여
서쪽으로 물길 열어 가락인의 터전을

지켜라 시민의 건강을
더운 물 뿜어내는 남산이여

큰 뫼는 「범어사」를 안고 숨 쉬는
동식물의 자생도래지 늪지로 품어
생전에 보고 싶은 자연사박물관이라고

키워라 이 나라를
외세의 침략을 막는 진산이여

청사포가 밀어 올리는 햇빛을 맞아
동쪽으로 내륙의 관문 소통의 길을 열어
지식의 인재들 많은 정보가 스며드니

깨워라 민족의 영혼을
우리의 얼 호국의 영산이여.

첫사랑 금정산 2

민족의 역사 예술의 혼
남도의 「범어사」
심장부 동쪽에 앉혀 두고

범어 삼기는 황조롱이 서식 터라고
등나무군락지 암반으로 깔고
「원효암」은 삼일운동 횃불 피웠다

울창한 숲
동식물 파충류 번식에서
자생 도래지 늪지로
우리의 자연사 박물관이라.

첫사랑 금정산 3

웅장한 흐름의 맥이여
부산포가 밀어 올리는 빛으로

뜨겁고 풍요한 소통은
영혼이 흐르는 내륙의 관문

거룩한 뫼는
애만지는 성지인가

우리의 첫사랑 금정산
우리의 첫사랑 금정산.

첫사랑 금정산 4

뜨겁고 호젓한 사랑은
계면추월鷄鳴秋月 이파리도
금강만풍金剛晩楓 가을바람 불러 온다

믿음을 준비하는 기약을
천련야우淸漣夜雨 꿈속 만나는 길
내원모종內院暮鍾 가슴 울렁이는

참꽃은 너에게 싹을
어산노송魚山老松 푸르게 피워서
고당귀운姑堂歸雲 고모연신姑母連信 만남을 인연으로

약속의 일렁임은
대성은수大聲隱水 은은한 흐름으로
의상망해義湘望海 빠져 언제나 즐겁다.

부용대의 여름날

낙동강 실경수상 초대형 퓨전뮤지컬
무용, 발레, 랩, 풍물, 비 보이, 굿, 록 음악 등
출연진 4백여 명이 두 달간 연습한
8백 년 역사의 신화가 가져온
하회별신굿놀이 「부용지애」국보121호

허도령과 김씨 처녀 애절한 두 연인의 이야기
허도령이 죽어갈 때 비탄함을
서애 경암의 애틋한 형제이야기에
탄성을 자아내기 충분하다

만송정과 낙동강백사장 자연에서
국악 서양악 화려한 레이저쇼가 더해지는
초대형 일백 분 간의 하회마을

낙동강 둑 칠만 오천여 명의 관중은
여름밤의 강바람과 함께 어우르는 빛과
웅장하고 아름다운뮤지컬

감상하는 것은 정신건강 지배를 벗어나
영혼의 훈련은 의미 있는

하회마을의 밤은 보람 있는 시간으로

음악소리에
아침의 백련은 더 없는 웃음을 안고
진주보다 더 맑은 연잎에 맺힌 물방울
김씨 처녀의 애절한 눈물인가
오작교로 떠난 까치의 눈물인가

「부용지애」영혼은 의미 있는 기억으로
「부용지애」영혼은 의미 있는 기억으로.

돌문화공원은

자연과 함께 향토의 예술성을
한껏 살려 만드는
돌의 어제 오늘의 문화를 조성하여

영실에서 전해오는
「설문대할망과 오백장군」 설화가
주제로 삶속의 돌이 아우르는

일백만 평 대지에 조성하여
제주의 자연을 맛볼 수 있는

웅장한 돌이 창출하는
살아 있는 자연사박물관은
더 없는 휴식 공간 볼거리를

사랑의 전설이
돌 문화공원으로 거룩하고
보기 드문 곳으로 솟아나리라.

『태백산맥』은

한 길이나 되는 원고지에
신의 경지에 긴 산맥 긴 역사이어라

1948년 늦가을 여순사건은
벌교포구를 배경으로,
제석산자락 현부자네 제각 부근에서
1953년 늦가을까지

민족의 아픈 과거를 반추하는 역사
억새꽃만이 알리라

조정래는 이 시대 산소로서
4년간 자료조사 6년간 집필 소설의 무대 벌교는
한의 모닥불
민중의 불꽃

분단전쟁을 그린 200자 원고지 1만6천5백 매
손 글쓰기 원고에 恨과 의식 매듭을 풀면서
하늘보기가 수오지심 가득할 뿐이다

분단 문학의 지평을 열어
이적성시비와 논란에서 영화 <태백산맥>으로
작가 애증의 혼으로
강인한 삶과 문학이 영원히 흘러라 긴 맥이여!

옥천에서

늦은 봄날 오후 빗속에
불빛 따라 흐르는 그 노래는
한 밭에서 오는 바람인가

봄비 사이로
흐르는 운율은
지용 시인의 「향수」인가

끈끈한 정이 스미는 밤으로
주류는 시향의 정맥이라
이 밤에 향몽에 어이 잊을거나!

대한수목원은

더불어 숲이 되고
햇빛을 품은 잔디 위 노랑감은
자연사박물관의 신의 한 수 고명이라

산허리감도는 싱그러운 음악에
찬란한 풍광에 묻혀
만장한 친지들 속에서
먼 걸음 휘돌아 온 만남의 장

감동으로 출렁이고 여운이 흐르는
젖은 눈으로 말하는
인중의 격려와 찬사에서

옥수수막걸리에 사랑으로
이어지는 그 틈은
노을빛 한 잔 언약의 감동으로

구월의 주말 해질녘
여줄가리 팽개치고 주저없이 한 마디는
'행복 하라'는 주례사
붉게 타는 팔공산자락에 핀 삶의 이정표를.

서암정사

삼신산 중의 지리산
산세가 험하고 깊어 6·25를 전후

참혹한 비극을 간직한
칠선계곡에서 승지를 찾아서

이유 없이 비탄어린 죽음을
비몽사몽 간 듣게 된 원응元應스님이

극락세계를 바위굴 속 암벽에다 새긴 법당
십 년 만에 완성한
벽송사의 암자 서암정사瑞庵精寺는

인간의 끝없는 이기심과
탐욕이 과보임을 절감하고

성스러운 자연의 영지
아미타불지존보살 미타화상의
불보살을 조각으로

이상세계 극락의 정토를
이상세계 극락의 정토를.

산문

김 교수로부터
수필집을 보내왔다
『당신 아무 문제 없어요』

의사 서예가 성악가 와인마니아
개인서예전 및 독창회를
부산시민회관에서

오늘 저녁 노포동에서
양 교수와 인천공항으로 갈 예정
여행준비 할 것도 없다

항아리 속의 게처럼
시간을 비켜가는 똑똑하고
착한 배아 줄기
성체 줄기세포처럼

당신 정말 아무 문제없어요
당신 정말 아무 문제없어요.

봉사 나눔의 의미는

- 2008. 10. 06. 11:33. Am

김 교수를 만나지 못했다면
정·이 교수의
환상의 협진 따뜻한 배려
노·신 교수로 부터 약물치료를

두터운 진심으로 잊지 않을 것을
감히 상상도 못할 긴박한

그 당시
김 교수의 노력은 한 발자국 더
인류 발전에 봉사정신은 헛되지 않고
의료사에 길이 남을
하나님의 소명이고 보람 있는 일에

이름하여 가르치고 나누어가는
지성이면 감천이라고
새 세상을 향해 가슴을 열어

봉사는 뜨거운 사랑이라고
나눔의 의미는 뜨거운 사랑이라고.

신촌의 긴 시간
– 2008. 5. 10. 10. 날씨는 맑았다

좋은 결과가 있으리라
하나님의 가호가 있으시길
마음은 고요에서 고요의 빈자리가

"운명은 그 사람의 성격에서 만들어지고
성격은 일상생활의 습관에서 만들어 진다" 는
데카르트의 말을 되새기며 아들과 같이

기다리는 세브란스병원의 3시간27분
침대 위에서 사시나무 떨듯이
온 몸은 싸늘한 주검…

전열 기구를 켜고 기가 돌게 하여
서서히 의식은 깨어 눈을 열었다

'신념은 아직 보지 못한 것을 믿는 것이고
그에 대한 보상은 믿는 바를 보게 되는 것이다'
라고 하는 뜻에 동의한다.

P 작가, L 후배가 예고 없이
가져온 빵은

오욕칠정 모든 것을 지워주고

휴!
어~언 2십여 년은 덤의 시간이라고
어~언 2십여 년은 덤의 시간이라고.

백두산에서

살아서 꼭 한번 보고 싶었던 곳
영산이 낳은 걸작
파랑의 진실 새털구름 신비의 세계

해동 제일 민족혼을 불러
나라사랑 예지를 보게 하여

천문봉 늠름한 기상에서
검푸른 고요가 평화를 담아

햇빛에 부끄럽지 않은 역사를 쓰고
달빛에 민족의 정기가 흐르는
계곡마다 거룩하고 험준한 뫼

동식물 자생도래지 습지와
광활한 평원 뒤덮은 자작나무의 행복을

압록강 송화강 두만강의
성수는 대지의 심장으로
한민족의 안녕을 백두산 천지여.

심장은 검푸른 빛을

새털구름 속으로
용천龍天하는 날
낮잠 자던 호랑이 어디 갔나

압록강에서
은어를 기다리는
곰 한 마리가

망태기 지고
숲속으로 헤매는 심마니
이마에 부딪치겠다

개미 떼처럼
능선을 줄 잇는 산객들

늪지로 억겁의 시간이
호흡하는 심장은 검푸른 빛을.

백두폭포 앞에서

천지가 숨 쉬는 긴 호흡은
생명수 소리 소망을
대지의 젖줄 영산 근원이라

지구별 숨소리 인류 미래의
젊음을 꽃 피워

질박한 토지 풍요를 낳고
수학修學을 거두어 사회 질서에

벽력같은 원기는
한민족기상이어라

힘차고 거룩한 백두폭포여
힘차고 거룩한 백두폭포여.

지쳐버린 두만강을

역사의 쓰라린 경험을 아는지
강물마저 힘을 잃어 지나간 상처가
하얀 속살을 들어내고

유람선도 멈춰 있는 강
함께 한 비운의 흔적을
긴 흐름으로 우리의 얼 숨 쉬는

시간의 터울 속에서
아리고 슬픔에 젖은 땅
오천 년의 강 건너 산과 들

비암산에서 낙동강으로
한라에서 일송정까지 그날을.

동산묘지에서

삶은 죽음의 서곡을
양심에 한 점 부끄럼 없기를
윤동주 시인
우리는 국가는 그를 보호하지 못했다

개정 치안유지법 위반 죄명으로
징역 2년 언도 윤동주 송몽규
후꾸오카 형무소에서 일제의 약물 투약으로 사망

'내 차에도 신경행 북경행 남경행을 달고 싶다
그보다 진정한
내 고향이 있다면 고향 행을 달고 싶다'
『종시終始』 산문의 마지막 연을

민족시인 그 시간을 예언하듯이
1945년 2월 16일 오전 3시 36분
마지막 던진 그 말씀 알길 없으니

젊음의 선구자
동산에서 영혼을 위로할 뿐
강냉이 갈 볕에는
민족혼이 위대한 작가 부활을 기다리면서.

혼란스런 그녀

신발 신을 줄
안경 쓸 줄도
보타이도 못 매는 그녀
오지랖 넓어서 어지럽다

바람에 밀리는 꽃
파도가 보내는 갯냄새에

카메라 앵글이 혼란스러운
그녀 입술에
동백꽃 하나 진하게 피었다.

바보처럼

눈동자에 비친 것은
수탉이 암탉에게
올라가는 것을 보고

눈으로 말했어
당신도 수탉처럼 용기를
결혼은 도적질이다
바보처럼

헛소리는 지우개가
용기는 신이 내린 삼지창이다
바보처럼.

🕮 지난날의 세계사는

혁명과 전쟁으로 문화유산을
궁금해서 보고파서 찾아간
그곳의 그때를 적어둔 노트를 정리한
40여 년 전부터 쓴 시작詩作의 글을
이제 발표하려니

역사는 시절의 변화로
그 당시 본 세상과는 많이
달라진 곳도 없지 않다고 생각 된다
『문화의 빛 역사의 흔적을』
해외에서 역사와 문화의 충돌에서
대강大綱정리하여
본대로 느낀대로 서사시敍史詩로 그려 본다.

Ⅲ부

문화의 빛 역사의 흔적을

노트르담 사원Cathedraled Notre Dome은

원래 고대 로마인들이 제사하던 장소를
4세기 접어들어 가톨릭이 국교에서 성당으로

시테섬을 한 눈에 굽어볼 수 있고
노트르담은 성모마리아를 의미하는 곳

루이 7세는 1163년 개축공사를
내부와 남 탑, 북 탑,
서쪽 정면을 완성하는 데 5백 년을

1330년경 예배당과 오부 등을
1백7십 년만에 완성
내부 길이 130m. 너비 48m. 높이 35m로서

에펠이 파리의 상징이라면
수용인원 9천여 명 규모의
엄숙하고 화려한 빛과 조명의
노트르담은 프랑스 자존심의 대표작으로

잔 다르크 명예회복 심판의 장소요
<나폴레옹의 대관식>을 거행한
드골 장군 장례식이 치러진 역사의 무대이다

권력 믿음 의지는
태양은 내일도 동쪽에서 떠오르는 것처럼
예술의 혼인가
신앙심의 결지에 더한 예지의 창출인가

노트르담사원이 불타는 것을
프랑스의 민낯으로 세계의 문화유산을
눈시울이 뜨거운 그 순간
파리는 프랑스는 세계는 모두가 기도할 뿐이라고!

태양왕 루이 14세는

말하기를
“유사 이래 가장화려하고 가장 큰 궁전을 짓겠다!”
베르사유 궁전 Chalean de Versailles
1662년 왕의 절대적 권력으로

거대한 펌프로 센 강 물을 끌어 올려
할 수 있는 모든 치장을 다하고
진행 중에 20년 후
왕궁은 루브르에서 베르사유로 옮겨졌고

언제 반기를 들지 모르는
봉건 귀족들의 진을 빼놓으려는
루이 14세의 전략으로

베르사유 궁전 앞에 펼쳐지는
100ha가 넘는 광대한 정원 Les Jardins은
거의 매일 현장에 나와서 간섭했다고

비운의 루이 16세와
왕비 마리앙트와네트가 지내던 곳으로
한 사람을 위하여

아름다운 저수지를 만들고
향수를 잊어 달라는
루이 14세의 열정적인 사랑의 표시

거대한 프로젝트는
수많은 인부가 희생되는
베르사유궁전을 남기고도
부족하여 사냥터를 마련하여 신변보호수단으로

인간의 힘으로 남긴 창조 조형물은
지상의 천국이라고
권력의 상징으로 이어진
사고思考는 절대적으로
영적인 꿈으로만이 표출하는 걸작으로 빛을.

피렌체의 상징

'꽃의 도시'라 불리는 르네상스 발상지
1737년 메디치 집안이
몰락하기 전까지 언제나 문화의 최전선에서

두오모 성당Santa Maria del Fiore Duomo
피렌체의 상징
1296년부터 여러 번 건설 책임자가 바뀌면서
사원 모습이 갖춰지기 시작

거대한 돔은
부루넬레스키가 설계했는데 시작한지
1백5십 년만인 1446년에 완성

약 3만 명이 운집할 수 있고
영혼이 낳은 예술의 흔적으로
꿈을 실현한 <꽃의 성모사원>이란 걸작으로

최첨단 패션 중심도시
시민들의 바람인가
지도자 통치실력 믿음의 분출인가
「토스카나」주의 고요한 도시
『신곡』을 낳은 단테의 고향 창작물이여 영원 하라!

콜로세움Colosseo

베스파시아누스 황제 명령으로
80년 만에 완성한 원형 프라비오 경기장의

콜로세움 명칭은 두 가지 설

거대한 건물 <콜로사레> 라는 의미이고
네로 황제가 세운 높이 30m
거대한 금도금상 <콜로소> 때문이라고

콜로세움 5~8만 명을 수용할
너비가 188m 좁은 곳의 지름이 156m
타원형으로 높이 57m 4층 건물로서
1층은 토스카나식
2층은 이오니아식
3·4층은 코린트식 아치로 장식되어

인간의 한계를 시험하는 살인적인
황제의 꿈
유태인 학살보다 더 잔인한 격투는

생명 인권 인격의 존엄성은커녕

죽는 자 승자의 운명의 시간을 즐기는
유사 이래 비극의 현장

늙은 소나무는 알리라
쾌락을 위하여
네로 황제의 권력 앞에서
오늘의 개보다 못한 인간의 생명을

천인공노할 슬픈 역사의 이야기가 숨 쉬는 곳
엄지손가락이
아래로 있는 것은 나만의 행동일까!

파르테논 신전

고대 그리스 영광의 상징으로
기원전 424년에 시작

이오니아식 석주를 사용하여
십오 년 걸려 438년에 완공된 것으로
수호신 아테네를 제사하던 파르테논 신전은

장구한 2천5백여 년 역사에 버티어 온
거대한 돌기둥 줄줄이 늘어서 있어

건물 둘레가 약 160m
46개의 돌기둥 높이가 10m
기둥 아래 부분직경이 약 2m
건너 산에서 보아도 가히 웅장함을

동양의 베이징 자금성이나
이집트 오벨리스크 모래밭의 피라미드
1천 6백여 년 앞선 시간을

지금의 미국
최 신예장거리 폭격기 B1-B랜서와
기술발전 시간을 비교 한다면

격세지감隔世之感이라
역사와 문화의 시간은 '안 봐도 삼척이다' 라고
희미한 기승전결이라고 아래에 두어도 될라나.

오벨리스크

이스탄불 히포드럼 광장의
오벨리스크 디킬리타스Dikilitas는
기원 전 1550년 상형문자 기둥으로서

메소포타미아 전투에서 승리를 기념하는 의미로
이집트 투트모트 3세가 파라오에게 헌사한 것으로

4세기 경 콘스탄스 티누스 대제가 터키로 가져가
사원에 세워졌던 두 개의 오벨리스크 중 하나

높이 60m 무게 8백Ton은
왕족의 일상을 양각으로 표현한
문자 의사 전달이 정확한지는 믿을까!

거대한 오벨리스크를 이동에 관한
방법은 딱히 규정하기는
그 형상으로 각인된 문자 해독은
모르는 것과 다를 바 없어

왕족들의 일상을 양각으로
부족국가 언어문자가 사라지는 것은
예나 오늘이나 다를 것이 없어 아쉽다.

기자의 피라미드

우주적인 신비를 감추고 있는
사각의 추 조영기술과
미적 의식이 조합된 불가사의한

4천5백 년 전 고대왕국에 이어
제4 왕국시대에 만들어진
긴 시간 웅장하고 거대한 존재 앞에서
현대 기술이 의심스러울 정도의 공법으로

쿠푸 왕 피라미드 BC 2천5백80년 경
카프라 왕 피라미드에
멘카우라 왕 피라미드 등 다양한

카프라 왕 피라미드높이 143m에
쿠푸 왕 피라미드보다 약간 작지만
이집트에서 가장 대표적인 피라미드로서
내부 복도 설계는 비교적 넓고
현대 건축기술의 원조

쿠푸 왕 피라미드에는 돌로 쌓아
올린 속에 공간이 있다는 것은

양쪽 벽이 뚫려 있는데 환기 구멍을 만든 것이라는
건축기술에 가히 짐작할 수 있어 놀라고

철길 레일에 연결 간격을 두듯이
구축물도 온도 습도 빛을 감안하고
거대한 하중을 소화할 수 있게

세계적으로 수학이
앞선 기하학이 적용되어 발전한 나라

밤하늘 영롱한 별들은 그 역사를 알리라
우방국으로 인정의 훈훈함이
큰 일에 존경의 찬사를 보내면서.

나노 스커트

나노 스커트

1920년대 중반 영국에서 플레파스Flappers는
억압 위선에서 벗어나려는 저항의식

술 마시고 담배를 피우는가 하면
승용차를 손수 몰며
마음에 드는 남성과 섹스를 즐기는 플레파스

진정한 자유인
근세에 가장 즐기며 살다 간 여성
1962년 영국 판 『보그Vogue』에 실린
28세 여류 디자이너

메리퀀트가 발표한
미니스커트 무릎 위로 무려 20㎝
온갖 찬사와 비난 속에
바티칸 시티는 착용금지에도

전 세계 판매 대박
영국 황실은 대세에 밀려 인정

메리퀀트는 1966년 <브리티시 제국 훈장수여식>이 열린
버킹엄 궁전에도 물론 미니스커트 착용

의식이 가히 혁명적인 사고
메리퀀트는 내의가 보일 듯 말 듯

내의 패션화 산업 발달의 진원지
1968년 미니로 발전
1971년 핫팬츠 유행
시대에 걸맞은 창의력 시대를 끌고 가는 리더들

고대 이집트 그리스 로마시대
미니스커트는 남성 전용 패션에서
중세기에 앞서가는 문명 권
이슬람 세계에서 바지가 정착 오늘의 패션으로.

카이로의 하루는

길섶 아몬드 들판을
붉게 물들이는
양귀비 아네모네 앙증맞은 아이리스 꽃

멋진 바캉스
강렬한 태양 아래 은빛 바다
하얀 선 그으며 미끄러지는 요트

초승달 은하수 쏟아지는
하늘 아래 시원한 나일 강바람

친구와 기우는
스텔라라 한 잔
우정이 도탑게 느껴지는 카이로의 밤

시나이 산의 정기인가
에게해의 유산인가
문화의 꽃은 나일 강이 역사를 이끌어 왔는가.

카이로 시티에서 1996. 4, 12.

천자산이여

고매하고 신선한 젊음은
시간이 초록색으로 늙어가는 황홀경이라

맑은 물 토해 보랏빛으로 물들이니
수풀 같은 봉우리들

햇빛은 연필로 만들고
안개를 지우개로 피우고
암벽에 그리니, 여 <중화의 민화>인가

가는 곳마다 설치미술인가

햇빛이 어루만지는 역사를
침묵으로 바람이 쓰다듬으니

잔잔한 결의 미소를 두고 어이 갈 거나
두보는 어디 가고, 소동파는 무얼 하나

황룡동 구천동 절경
벽계의 흐르는 물 누가 지켜 주리
물안개 피는 억겁의 세월이여

무릉도원의 천사만량千思萬量 혼이여
무릉도원의 초려삼고草廬三顧 혼이여.

천자산에서 2002. 8. 3.

천지를 뒤흔드는 소리여

웅장한 대하의 흐름이여
천지 창조의 칼 새가 집을 짓고
갈매기의 여유롭게 유영하는 곳

엉클어진 미움도
우울한 슬픔도
가슴 시원하게 잊어버리고

잃지 않은
양심은 지키고
때 묻은 욕심
포장된 명예는 씻어버리고

진중한 마음으로
못다 이룬 학문
못다 이룬 사랑은 꽃 피워

꿈으로 피는
장엄한 희망으로
웅장한
대하의 나이아가라 폭포는

무엇을 더 가지랴
무엇을 더 얻으랴

나이아가라 폭포에서

치열한 삶이

네바다 산맥이 걸터앉은
유타 주에서 물을 찾기란

물을 찾아서 떠나는 가족
무스탕의 발걸음 어미 본능은 강한 것

저지대 사막
가장 건조한 곳

죽음의 계곡
섬광 같은 이름
사구아르 선인장은 이백 년 생존

연간 강수량 250 ㎜ 정도의
5십만 ㎢ 척박한 대지

일천 오백 년 전
콜로라도 주
호피족의 평화스러운 사람들
일백만 년 전 방대한 호수였다고

치열한 삶이
강인한 자만이 남는다고
얼마나 가치 있는 생명인가.

비행은

구레나룻 꽃피는 시간
일상의 틀에서 벗어나 자유로운 생각의
비행은 한계를 뛰어넘는 무한한 가능성을

더 느리게 쉼은
세련된 시선으로 세상을 훔친
비행은 하루살이가 모르는 내일을 위함이니

끊임없이 도전하는
상상의 나래로 펴는 그 순간
비행은 나에겐 더없는 행복의 시간이라

세상은 나의 것
감각적인 빛으로 마음을 빼앗아
비행은 상상의 자유와 열정으로

느림은 앎보다 중요하다
섬세한 디테일이 세계 수준의 품격으로
비행은 남다른 신념에서 남다른 그 곳에서.

A400점보여객기가 날짜변경선을 지나면서 94.11.1.

보화전保和殿

보화의 출처는 『주역周易』에서
사물 간의 조화를 잘 이룬다는 뜻

청나라 건륭 54년에
≪인재선발대전≫으로 전시를 매우 중시하여
황제의 독권에
대신 8명을 흠명한 곳이며

『영락대전永樂大典』은 세계에서 큰 백과전서로
2만 2천 8백 77권으로
범례목록으로 60권, 1만 1천 97책은

평생 처음 보는 방대한 역사의 고문헌
만만디漫漫的
요새 말로 몇 테라바이트인가?

『영락대전』을 눈으로 확인
그들의 만만디는 체계 있고
앞서가는 것을 총 망라하였으니

억겁의 시간

무한의 자료
지식의 정보는
가히
지필묵으론 상상이 어려워

우리의 예는 세계적 자랑인 한글과
국보 <8만대장경> 보고寶庫가 있으니
오늘은 아이티(6T)산업의 자긍심으로.

서호에서

조용히 흘러 볼거리 제공하고
절강 성도인 항주 소주와 함께
제일의 관광도시로서

호수라고 믿기는 어려우나
세계적으로 알려진 것은
총 면적은 60.8㎢ 수역의 면적은 5.6㎢ 여유있어

안개가 끼었을 때나
달 밝은 밤
해 뜰 때 구름이 흐를 때 절경이라

시인 화가 묵객들의 남긴 절창은
지금도 물비늘로 반짝인다!

10경 중 가장 대표적인 것은
斷橋殘雪, 平湖秋月, 蘇堤春曜, 曲院風荷, 花港觀漁는
두견새 언어의 합작으로
두보, 소동파, 이백의 작품인가

진짜 명예로운 사람들은 양심을 버리느니
참말로 명예를 던지는 사람이다

마르크폴로와 같이 즐긴다면
양귀비보다 더한 고명沽名이라

이보다 좋은 날도 있을라나
더 맑아지고 달빛은 더 푸르리라!

황용동굴黃龍洞窟

거대한 종유동굴
20만㎡ 총길이 10Km
재밌는 색깔 모양만 차이가 있을 뿐

장가계를 뒤엎은 모양으로
축소판이라고 해야 할
황용동굴

버지니아 뉴레이 동굴같이
석순의 화려함은 볼 수 없으나
웅장한 느낌이 가슴으로는 부담스럽다

지필묵 준비하여
맘에 드는 친구 불러 판 짜고
시 낭송대회나 하면 괜찮을 것 같은 데.

천3백 년 전의

천년 고도의 우아함이 숨 쉬는
헤이안平安시대부터 메이지明治유신까지

칠대, 칠백 육십여 년에
일본의 수도 역사의 도시 나라奈浪

삼국시대 문화를 받아들여
일본 최초의 국가를 세웠던 곳을

'나라奈良'를 뜻하는
우리말 '나라'가 이곳 이름으로

일천 이백 년의 세월을 버티어 온
법륭사法隆寺에

고구려 담징 금당벽화는
소실되었으나 몇몇 유적에서 숨 쉬는

도자기 불교문화 흔적을
백제 신라 천년의
문화가 앞서 있었다는 사실에 주목할 것을.

지중해 연안에서

길섶의 아몬드 들판을
붉게 물들이는 양귀비
아네모네 앙증맞은 아이리스 꽃

멋진 바캉스를 기다리는 강렬한 햇볕
은빛바다 하얀 선 그으며 미끄러지는 요트

초생달 은하수 쏟아지는 하늘 아래
시원한 나일 강 바람 맞으며

다정한 친구와 기우는 포도주 한 잔
한민족 정이 느껴지는 카이로의 밤이여

지중해가 문화의 꽃을 피운 것인가
나일 강이 역사를 창조 하였는가
에게해의 유산인가 시나이 산의 정기인가

* 아이리스(Iris) : 아이리스란 말은 무지개 여신이란 뜻이며, 붓꽃과 이리스속의 총칭 기쁜 소식의 꽃
* 시나이 산 : 이집트 시나이 산 모세가 십계명을 받은 시나이반도 사막에 2285m의 바위산

96. 6 .7 .카이로(이집트)여행 중에서

낭만과 웃음이

언제나 로맨틱한 분위기가 감도는
신화의 세계를 전해주는 신비한
신들의 이야기에 가만히 귀를 열어

에게해의 훈풍은 제우스의 바람기에
*헤라의 질투와 분노 노여움의 열기인가
바다에 떠 있는 섬들은 *아프로티테 작품일까

이 섬을 *헤파이스토스 창조물인가
플라톤이 그의 저서에서
*아틀란티스의 흔적으로 보는 것이 맞을까

낭만과 웃음이 넘치는 거리 아테네
오가는 젊은이들 올림포스 산에서
내려온 제우스 그 자녀와 형제자매들인가.

* 헤라: 제우스의 누이이며 본 처로 질투가 심하고, 결혼 출산 육아의 신으로 숭배되었다.

* 아프로티테: 제우스의 자녀 미의 여신, 그의 아들 에로스.

*헤파이스토스: 로마신화의 불과 대장장이의 신을 영어로 표기 한말. 제우스와 헤라의 아들. 아프로티테의 남편.

* 아틀란티스: 그리스 신화 『신비의 땅』 철학자 플라톤의 『대화편』 티마이오스와 크리티마스 속에 실려 있는 전설의 섬.

영원한 불꽃

웰링턴 국립묘지
싸늘한 가을 볕 사이로 상수리 낙엽만 휘날리는 곳
가스 불꽃만이 바람을 휘젓듯 쓸쓸한
존 에프 케네디
재크린 여사와 나란히 그 사이 어린자식과 같이
화강암에 덮여 있는 곳

그 위 잔디 언덕에는 에드워드 케네디 무덤

1963년 11월 22일 초가을 아침에
우리 집 행랑채에서
그이 서거 소식을 들었다
삼십 년이 지난 오늘 이곳에서 묵념을 드린다.

죽음.
본인의 의지와 관계없이 젊음을 바친
존경하는 세기의 인물
고독과 전쟁 속에서
자유와 세계평화의 지도자

산새들도 그날의 슬픔을 기억하는지

나그네 그림자 발길을 당길 즈음
청솔모가 경계를 늦추지 않는다

부클라인 메사추세츠주 명문가에서 태어나
하버드대 졸업논문에서 『영국은 왜 잠자고 있었나
Why England slept』가 베스트셀러가 되었으며
그 후 『용기 있는 사람들 profile in courage』로
명성 있는 「퓰리처 상」수상

제2차 세계대전시 해군에 근무 중 일본 구축함에 격침
선장으로서 부하들을 구출 전쟁 영웅
그의 고향에서 하·상의원을 거쳐
뉴 프론티어 ≪New Frontier≫ 슬로건 아래
제35대 대통령 당선

중남미 국가와 진보를 위한 동맹
평화봉사단 창설
쿠바 미사일 위기 후르시초프와 대결
제3차 세계대전 일보직전 세계 이목 집중
소련과의 핵 실험금지 조약 체결 화해무드 조성
가톨릭 신자 자유주의 상징, 존 에프 케네디

지금도 영향을 미치는
<GAAT> 다자간 무역협상 공산품 평균관세 35% 인하
그 유명한 <케네디 라운드> 달라 방위dollar defense

금리 평형 세, 창설 등 그의 지도력 한 세대의 영웅

영원한 불꽃을 뒤로하고 포토맥 강을 건너
링컨 기념관으로 가는 길.
그의 연설문 한 구절을 생각하면서
“우리가 미래에 가지는 희망은 여러분 모두에게 달려 있다고.”

안전장치는

꽂을까 박을까 뺄까
깊숙이 담가둘까
펀드 매니저 말 들어도 될까
아리송한 언론 호들갑 떠는 것.
믿어도 될까
악재일까 호재일까
재경부 증권국장 말대로 될까
가나증권 지점장 말 들었으면
쪽박 찼을 걸
다라증권 지점장 말 들었으면
신발에 흙 안 묻혀도 될 걸
투자 할까
투기를 할까
월가의 실력자들 뭘 생각할까!
CEO들의 마인드는
빌게이츠 생각이 시장에서
앞서갈까 뒤처진 발상일까
기업사냥꾼 칼 아이칸 지금쯤
어느 나라 어느 기업을
배 고픈 독수리처럼 노리고 있을 것
우리 기업들 M&A 대책 방어 능력은

안전 장치는 준비 해 놓고 일할까.

* CEO : chief executive officer 최고경영책임자
* M&A : mergers and acqusitions 기업인수합병

봉건왕조의 자금성으로

중국의 고도 북경 「자금성」은
요. 금. 원. 명. 청. 5개 봉건왕조의 수도로서
명나라 때는 「북경 성」
명 왕조 영락 4년 「자금성」으로

72만 m2 2만9천여 칸의 가옥 거대한 궁전
십만 공장, 백만여 역부 동원하여

사천 광동 운남성 명나라 때의 *녹나무와
청나라 각 지방에서 채벌한 소나무를
궁내 바닥에 깐 네모난 벽돌은 소주蘇州공장의 특제품으로
황궁 석재는 백옥석, 오색 호피석 화강암으로 장식
붉은 벽, 황 기와지붕

태화 중화 보화 3대의 외조의 근엄한
황제의 침전 「건청궁」과
황후의 침전 「곤녕궁」
그리고 정방형의 전당은 「교태전」
우의는 천지교태의 뜻

「곤녕문」지나면 이화원은 연꽃의 절경

소나무 측백나무 기암괴석 등

후 3 궁
동서 6궁 3합 원은 균형 있는 모양
「자금성」앞의 금수화의 화려한
붉은 담 벽의
황기와 금빛 찬란한 금전의 바다

1911년의 신해혁명은
청 왕조의 정권을 전복하고
2천 년의 봉건 통치의 나라 심장부 역사의 장
웅장하고 화려한 오늘의 「자금성」은
세상은 역사는 권력의 군주들의 많은 흔적을 남긴다.

* 녹나무 : 녹 나무과의 상록활엽교목 미나리아재비목 수피는 회갈색 또는 암
황갈색이며 세로로 가늘게 갈라진다.

베이징(중국)투어에서.

방콕Bangkok은

어둠과 희미한 불빛 사이 손톱 밑에 시커먼 땟자국 손으로
키보드 작업하는 출입국 관리직원들
자정이 넘은 「돈므앙 공항」은
무질서 속에서도 분주히 움직이는 방콕의 야경

열기와 소란스럽게 북적대는 대도시
만성적 교통 체증 경적소리 오염된 대기와 더렵혀진 강
3백여 개가 넘는 황금 불교사원
풍요로움과 활기로 가득 찬
휘황찬란한 네온사인과 아름답게 치장한 여성들
부와 빈곤 정적과 소란이 혼재해 들떠 있는 태국인들

1767년 야유타야 왕조가 몰락하고
1782년 차크리 왕조시대 라마 1세가 천도한
크룽텝마하나콤보워룻라타코심마인 이라는 긴 이름이
크룽텝 「천사의 도시」방코그가 줄어 오늘의 방콕

동양의 베니스 「차오프라야 강 룸비니 파크」 라차담리 길
「왓 아룬Wat arun 새벽사원」은
톤부리 왕조의 제1호 사원
유서 깊은 아룬은 새벽 햇빛의 반사 모습은 장관이라

타쿠신 왕의 시대가 붕괴되고
제1호 사원은 「왓 프라케오」로 이전
당시 「에머랄드 불상」도 원래
이곳에서 사원의 상징인 5개의 불탑
79m 높이까지 올라가 살펴보면
「라마킨엔 석상」이 전설의 등장인물로 인도풍의 조각물이라고
창작물을 보면 태국의 불교와
인도 힌두교의 밀접한 연관을 지울 수 없는
「왓 파크남Wat Paknam사원」은 한국을 포함
세계 각국의 상당수의 유학승들이 수업에 정진하고
역대 왕족들이 생활 하던
장소 서양문화가 교차하는 왕궁이다

서양식 건축물인 「보르마비만 궁전」라마 4세에 창건
이태리 건축가가 설계하고 라마 5세가 빅토리아 양식에
태국 스타일이 가미된 보기 드문 참신한 건물로
찬사를 아낄 수 없는 걸작이라 놀라게 하고

「두싯마핫프리사 궁전」은 라마 1세에 창건
화재로 소실 새로 지은 왕궁은 왕족의 장례식 등 행사장으로
가장 화려한 「왓 프라케오 불교」사원은
1782년 라마 1세 건립한 왕실 전용 국가 주요 의식을 행하고
「에머랄드 사원」이라 부르는 아유타야왕조 말기 건축 방식이다

본당 내부는 스리랑카 양식의 「프라이스이라타나제디 프라몬도푸 탑」
라마 1세부터 역대국왕 상이 있는 곳으로 공개되지 않고
앙코르왓트의 정밀 조형도를 라마 4세가 만든 것으로
심하게 손상 된 넓은 원형보다 쉽게 볼 수 있으며

「왓포Watpho사원」은 라마 1세 때 창건
태국 최초 대학이 있는 사원으로
와불상은 전장이 49m 높이12m 크기 누워 있는 모습은
열반의 경지에 도달하고 깨우침을 의미 하고
본당을 중심으로 바깥 회랑에는 244좌 안쪽 회랑에는 150좌의
불상이 늘어서 있어서 장관이다

「왓 트리밋Wat trimit 황금불상」은
높이 3m 무게는 5.5톤으로 순도60%의 황금불상
그 당시 현 싯가 약 1천억 원 정도 한다는 설명이다
1953년 방콕항의 공사 때
절을 없애고 불상을 왓 트리밋으로 옮겨지고
그 외
「왓 수탓Wat suthat」「비만메크Vimanmmek mansion place궁전」은
이태리 대리석의 호화로운 사원 등 많으나
모두 기술할 수 없고 불교문화가 태국은 물론
인접 국가 동남아시아의 국가체제 통치에 기여 하였는가는
찬란한 문화유산으로서
그 시대 불교의 전성기를 대변 해주고 있다

하여 반야바라밀다심경般若波羅蜜多心經이라고 마무리한다.

94. 8. 3. 방콕 성지순례에서

하여 인류 발전을

*아폴론과 만나 우주중심체
태양의 창조물 열과 빛을 사용
아름다움의 보전에 쓸 것으로

*도트, *난나를 만나
고요한 달빛으로
문화 창달의 주술 신화 정보를
가난한 시인에게 제공하여

*피에트 하인이 개발한 별의 흐름을
*세베리니의 「푸른 옷의 여인」처럼
노래할 연인에게 소망을

라파엘로 「아테네 학당」에서
플라톤이 하늘을 향하여 이데아를
아리스토텔레스는 자연의 진리를
주변의 학자들이 연구 몰두하여서

역사를 만드는 이에겐 햇빛을
신화에 젖은 이에겐 달빛을
창작활동은 인류 발전으로 이어라.

*아폴론 : 희랍 신화에 태양의 신
*도트 Thot : 희랍 신화의 달과 별의 신
*난나 Nana : 메소포타미아 신화에 달의 신
*피에트하인 : pietehein : 소마큐브를 개발한 덴마크 출신의 시인, 물리학자, 수학자
*세베리니 : 이탈리아 화가 미래주의자 파라초 몬테그니에서 프레스 코아 모자이크 제작 등 흥미를 가졌다.

문명의 발원지는

언덕 위의 도시 아크로폴리스
길목에 십자가 세워진
자그마한 바위산

고대 영광을 상징하는 「파르테논 신전」
제일의 전통을 자랑하는 메트로폴리스

지혜의 여신 아테네와
바다의 신 포세이돈이
수호신 자리 경쟁에서 승리의 여신

그리스의 로맨틱한 분위기에
세련된 멋이 풍기는 리카비토스 언덕 기슭
콜로나키 광장 마을

유일신이 주신 문명의 발원지
아테네의 보전을.

신의 나라 그리스Greece

위대한 유적의 보고宝庫 그리스는
포세이돈 사원 태양의 나라
아크로폴리스 언덕 위의 「파르테논신전」

낭만과 웃음이 넘치는 거리 아테네
오가는 젊은이들 올림포스 산에서
내려온 제우스 그 자녀와 형제자매들인가

언제나 로맨틱한 분위기가 감도는
신화의 세계를 전해주는 신비한
신들의 이야기에 가만히 귀 기우려 본다

에게해의 훈풍은 제우스의 바람기에
헤라의 질투와 분노 노여움의 열기인가
에게해 떠 있는 섬들은 아프로디테의 작품인가

자맥질하는 붉은 태양 반짝이는 은빛바다
언덕 위의 그림같은 집 앞에 떠 있는
요트는 헤파이스토스hepaestos의 창조물인가

이 섬을 플라톤이 그의 저서에서

『아틀란티스』의 흔적으로 보는 것이 맞을까
테라스 카페는 바다를 깔고 앉아 본

몬테베르디 「오르페우스」는 내 귀를
한 잔의 와인 향기에
에게해의 태양에 취하기에는
더 없이 살만한 세상이 아니던가!

* 제우스 : 올림포스 신의 최고의 신 아버지 크로노스를 왕좌에서 몰아내고 티탄 족과 싸워 왕위를 쟁취 천둥과 번개를 무기로 하는 만능 신(떡갈나무 독수리)
* 헤라 : 제우스의 누이이며 본처로 질투가 심함 결혼 출산 육아의 신으로 숭배되었다 (석류나무 공작)
* 포세이돈 : 그리스신화의 바다의 신 제우스 형제 삼지창으로 바위를 처서 샘물이 솟아나게 하여 「에렉테이스 샘터」를 만들었다
* 아프로디테 : 로마신화 제우스의 자녀 미의 여신 물고기자리 죽음과 금기 그의 아들 에로스
* 헤파이스토스 : 그리스 로마신화의 불과 대장장이의 신을 영어로 표기 한말 제우스와 헤라의 아들 아프로디테의 남편 라틴어로는 불카노스
* 아틀란티스 : 그리스 신화의 신비의 땅 철학자 플라톤의 대화편 『티마이오스』와 『크리티마스』 속에 실려 있는 전설의 섬

96. 6. 9. 아테네(그리스)여행 중에서

흰 구름 깔고 가는

망망한 우주여
광활한 지구여
태평양의 붉은 빛으로
자유와 꿈을 그리면서 그곳으로

천혜의 공간 하나의 편린
번뜩이는 하늘의 궁전
강력한 심장의 소리 믿음직한 안정감

파랗다마는 천국이라 알고
세상을 평온하게 내려다보는
신나게 노니는 비행의 즐거움을

하늘에 별빛 은하로 깜박거리며
바람아 감기어라 힘차게
풍요한 흰 구름 깔고 가는 점보여객기는.

가늠 돌

초판발행 2019년 12월 16일

저자 조성순
펴낸이 이길안
펴낸곳 세종출판사

주소 부산광역시 중구 흑교로 71번길 12 (보수동2가)
전화 051－463－5898, 253－2213~5
팩스 051－248－4880
전자우편 sjpl@chol.com
출판등록 제02-01-96

ISBN 979-11-5979-326-4 03810

정가 10,000원

이 도서의 국립중앙도서관 출판예정도서목록(CIP)은 서지정보유통지원시스템 홈페이지
(http://seoji.nl.go.kr)와 국가자료공동목록시스템(http://www.nl.go.kr/kolisnet)에서
이용하실 수 있습니다. (CIP제어번호: CIP2019051104)

* 잘못된 책은 교환해 드립니다.